BEI GRIN MACHT SICH IHR
WISSEN BEZAHLT

AF125579

- Wir veröffentlichen Ihre Hausarbeit,
  Bachelor- und Masterarbeit

- Ihr eigenes eBook und Buch -
  weltweit in allen wichtigen Shops

- Verdienen Sie an jedem Verkauf

Jetzt bei www.GRIN.com hochladen
und kostenlos publizieren

Bibliografische Information der Deutschen Nationalbibliothek:

Die Deutsche Bibliothek verzeichnet diese Publikation in der Deutschen National-bibliografie; detaillierte bibliografische Daten sind im Internet über http://dnb.d-nb.de/ abrufbar.

Impressum:

Copyright © 2019 GRIN Verlag
Druck und Bindung: Books on Demand GmbH, Norderstedt Germany
ISBN: 9783346011848

Dieses Buch bei GRIN:

https://www.grin.com/document/471281

Judith Schmitt

Zugänge zur Erwachsenenbildung

GRIN Verlag

Zugänge zur Erwachsenenbildung

Judith Schmitt

Inhaltsverzeichnis

Anmerkung zum Gender: In meinen Ausführungen verwende ich aus Verein-fachungsgründen sowohl die männliche als auch die weibliche Form abwechselnd. Die jeweils andere Form ist miteingeschlossen.

Einsendeaufgabe 1

Die Heidelberger „Arbeitsgruppe für empirische Bildungsforschung" (**AfEB**) hat unter der Leitung des Erwachsenenpädagogen Ekkehard Nuissl im Rahmen der „Bildungsurlaubs-Versuchs-und-Entwicklungsplanung" (**BUVEP**) vier Lerntypen identifiziert. Als Grundlage hierfür diente ihnen die Rekonstruktion von Bildungsurlaubsseminaren (vgl. Arnold 2015: 19).

Diese vier Haupttypen pädagogischen Handelns während des Bildungsurlaubs stellen sich wie folgt dar:

Typ 1: Die Teilnehmer sollen ein möglichst breites Wissensspektrum zu allen gesellschaftlichen Bereichen, mit denen sie konfrontiert sind, erhalten. Das soziale und gesellschaftliche Umfeld soll durch dieses Lernangebot aufgeklärt und aufgehellt werden. Ein Beispiel hierfür sind diverse, von Volkshochschulen angebotene Vorträge aus den Bereichen Kultur und Gesellschaft. Durch die Beschränkung der Information und der Kommunikation in Kursen nach dieser Lernstrategie, sowie die weitestgehende Ausgrenzung der Verwertung der Informationen, z.B. auf die Lebenssituation der Teilnehmer bezogen, ist dieser Typ aus meiner Sicht wenig bedeutsam in Hinblick auf die Kompetenzanforderungen der Wissensgesellschaft.

Typ 2: Der Schwerpunkt liegt darauf, den Teilnehmern Handlungsperspektiven und Handlungsmöglichkeiten zu vermitteln. Die Teilnehmer sollen Strukturen in bestimmten Handlungssituationen erkennen können und Wissen über Verhaltensmöglichkeiten in diesen erlangen. Diese Handlungssituationen decken immer nur einen sehr bestimmten Ausschnitt von Handlungssituationen ab und bezogen sich bei den Seminaren der BUVEP ausschließlich auf Berufssituationen, zum Beispiel Schulungen zum Konfliktmanagement. Da die Verständigungsstruktur kaum Möglichkeiten zu abweichenden Problemformulierungen lässt, ist dieser Typ nur bedingt relevant für die Kompetenzanforderungen der heutigen Wissensgesellschaft. Die Voraussetzungen in den Handlungssituationen der Teilnehmer sind inflationär geprägt von Diversität, was bei diesem Lerntyp stetig zu Schwierigkeiten führt.

Typ 3: Dieser Typ konzentriert sich darauf, den Teilnehmern Verfahren zur Analyse sozialer Strukturen zu vermitteln, indem diese an einem bestimmten Ausschnitt ihrer Lebenssituation angewandt werden. Gemeinsam mit den Teilnehmern werden Analysekategorien und Analyseverfahren erarbeitet, die auch in anderen Situationen genutzt werden können. Die curriculare Struktur dieser ist hauptsächlich offen, verlaufsorientiert und teilnehmerorientiert. Dieser Typ findet sich in Seminaren, die Initiativen zur Selbsthilfe fördern, wie etwa Führungskräfteentwicklungen, in denen an Hand von exemplarischen Situationen Handlungsmuster für Führungsverhalten erlernt werden.

Da dieser Typ Kompetenzen vermittelt, die auf vielfältige Situationen angewendet werden können und die Teilnehmer zum selbstständigen Agieren befähigt, ist er, meiner Meinung nach, am bedeutungsvollsten für die Kompetenzanforderungen der heutigen Wissensgesellschaft. Nur hier ist die Kompetenzentwicklung systemisch an die Lebens- und Erfahrungswelten der Teilnehmer angeschlossen, was die Voraussetzung für nachhaltige Kompetenzentwicklung ist.

Typ 4: Bei diesem Typ werden den Teilnehmern Wertmaßstäbe und Orientierungskriterien offeriert, mit deren Hilfe sie Ordnung und Struktur für ihr komplexes gesellschaftliches Umfeld, sowie die Vielfalt an Informationen schaffen können. In Seminaren dieses Typs kann ein breites Themenspektrum bearbeitet werden. Im Verlauf der Seminare wird zunächst an erfahrungsnahe Themen aus diesem Spektrum angeknüpft, zum Beispiel aus Beruf oder Familie, um dann den Fokus immer stärker auf erfahrungsferne Themen, wie Wirtschaftssysteme oder gesamtgesellschaftliche Prozesse, zu legen. Ein Beispiel hierfür ist eine Gruppe für Burn-out Patienten, die zunächst ihre eigenen Erfahrungen teilen, um dann im Verlauf des Seminars die systematische Entwicklung von neuen Wertmaßstäben erlernen und ihre bisherigen Wertmaßstäbe und Orientierungskriterien differenzieren.

Da dieser Typ zwar die Lebens- und Erfahrungswelten der Teilnehmer abfragt, jedoch in der Vermittlung nicht daran anknüpft, ist er aus meiner Sicht wenig bedeutsam für die Kompetenzanforderungen der Wissensgesellschaft. (vgl. Kejcz, Y. 1980: 50ff.)

Einsendeaufgabe 2

Professor Dr. Rolf Arnold hat, um eine Einführung in das Studium der Erwachsenbildung aufzubereiten, Interviews mit bedeutenden Denkern der Erwachsenenpädagogik geführt, darunter auch Günther Holzapfel und Ludwig A. Pongratz.

Günther Holzapfel ist ein Vertreter der **Humanistischen Pädagogik**. Ein wichtiger Aspekt dessen ist für ihn die hohe Bedeutung der Beziehungsdimension zwischen Lernenden und Lehrenden beim Lernen, wodurch die Fähigkeiten und Einschränkungen der Lernenden von den Lehrenden wahrgenommen und respektiert werden, ein guter Kontakt zwischen Lehrenden und Lernenden aufgebaut wird und die emotionalen Bedingungen des Lernens, sowie der emotionale Gehalt der Lerngegenstände besondere Bedeutung finden. Die Stärken der Humanistischen Pädagogik sind zum Einen ihre Konzepte, welche die subjektiven Bedingungen des Lernens miteinbeziehen, und zum Anderen, dass hierdurch Fähigkeiten zur Selbstreflexion bei den Lernenden aufgebaut werden. „Vom Wissen zum Können", beschreibt Holzapfel es treffend. (vgl. Arnold 2015: 51ff.)

Ludwig A. Pongratz vertritt die **Kritische Theorie** der Erwachsenenpädagogik. Somit deckt er zu jedem Entwurf in der Erwachsenenbildung eine Antithese auf und nimmt so eine wichtige Denkposition ein. Aus seiner Sicht ist es unerlässlich, den Menschen zur Schaffung einer neuen, individualisierten, selbstorganisierten und vernetzten Weiterbildung ein wachsendes Maß an Reflexivität und Eigenverantwortung zuzugestehen und nicht, wie Pongratz es nennt, ein „Regime des lebenslangen Lernens" zu errichten, dass die Menschen durch regierungsfreundliche Strategien kontrollieren will (ebd.: 61).

Weiter spricht er sich dagegen aus, Bildung als „Ware" zu definieren und empfiehlt die Versteifung auf Effizienz- und Vermarktungsinteressen zu lösen, sondern den Fokus stattdessen auf das mündige Subjekt zu lenken und zu überlegen, wie die Eigenkräfte des Menschen gefördert und entwickelt werden können (ebd.: 62f.).

Das Menschenbild der beiden Pädagogen stimmt in sofern überein, dass beide der Ansicht sind, der Mensch könne sich nur dann entwickeln, wenn er als Individuum wahrgenommen wird, seine Persönlichkeit sich frei entfalten kann und ihm Eigenverantwortlichkeit zugestanden wird. Beide kritisieren die Gesellschaft, vor allem die aktuelle Bewegung der Wissensgesellschaft und des lebenslangen Lernens, als zu stark steuernd und zu sehr von ökonomischen Zielen getrieben.

Aus meiner Sicht argumentieren beide erwartungsgemäß durch prinzipielles Dagegenhalten, es fehlen eigene, neue und anregende Konzepte. Beide sprechen sich gegen die Verfolgung von ökonomischen Zielen aus, das ist einfach, jedoch auch ignorant, wenn die Finanzierung und Zielgerichtetheit von Bildung völlig außer Acht gelassen wird. Ihre leider sehr polarisierende Beantwortung der Interview-Fragen könnte beispielsweise durch Gedanken, wie eine subjektorientierte, ganzheitliche Bildung mit ökonomischem Nutzen vorstellbar wäre, bereichert werden. In dem Unternehmen, in dem ich tätig bin, wird gerade ein Kulturwandel angestoßen, unter anderem mit einer Kampagne, die das Motto „no complaint without participation" trägt. Meiner Meinung nach ist dieses Motto für viele Lebensbereiche ein wichtiger Vorsatz, um die Menschen von einer Beschwerde- und Kritikhaltung zu einer positiven, konstruktiven Einstellung zu bewegen, durch die begründete Lösungen entwickelt werden.

Einsendeaufgabe 3

Open Content, zu Deutsch „freie Inhalte", meint, laut der digitalen Gesellschaft NRW, Inhalte, wie Wissen, Information und Unterhaltung, deren Nutzung und Verbreitung nicht urheberrechtlich geschützt ist. Dem zugrunde liegt die Annahme, dass Wissen und Information zugänglich und nutzbar gemacht werden müssen, um verbessert und weiterentwickelt werden zu können. Wissen kann nicht „verbraucht" werden (vgl. Wilms 2013: 2).

Ich stimme zu, dass die breite Verfügbarkeit von Open Content wächst und gleichzeitig die Vermittlungsfunktion der Bildungsinstitutionen stärker in den Hintergrund tritt. Einen klaren Ursache-Wirkungszusammenhang kann ich jedoch nicht erkennen. Die Vermittlungsfunktion der Bildungsinstitutionen nimmt ab und sollte dies auch tun, um den aktuellen Erkenntnissen der Hirnforschung gerecht zu werden, die davon ausgeht, dass eine Vermittlung, im linearen Sinne, vom Lehrenden zum Lernenden, nicht erfolgreich ist (vgl. Arnold 2014: 7ff.). Vielmehr sollten sich Bildungseinrichtungen weiter im Sinne der **Ermöglichungsdidaktik** wandeln. Ermöglichungsdidaktik steuert zum Einen den Kontext, indem Lernarrangements und Lernlandschaften gestaltet werden, und zum Anderen regt sie durch eine professionelle Lernbegleitung und - beratung, sowie der Förderung von Selbstlernkompetenzen zur Selbststeuerung der Lernenden an.

Das Internet und mit ihm der Open Content wird die klassische Form der Wissensvermittlung weiterhin entwerten und von den Lehrkräften vielmehr eine beratende Unterstützung der Lernenden durch die Masse an verfügbarem Wissen in verschiedensten Qualitäten fordern (vgl. Schweitzer 2005: 81).

Daher zeigt sich Erwachsenenlernen heute vorrangig als „semiinstitutionelles Geschehen" (Arnold 2014: 35); es werden immer komplexere, offenere Lerndienstleistungen erforderlich, in denen die Autonomie von lernenden Erwachsenen respektiert wird und ihre Lehre professionell begleitet und beraten wird. Diese neuen

Formen finden sich in folgenden didaktischen Konzepten wieder (ebd.):

- **informelles Lernen**: Diese in der Regel nichtintentionale Form des Lernens findet außerhalb organisierter Lerneinheiten statt, zum Beispiel am Arbeitsplatz oder in der Familie. Im Bezug auf Lernzeit, Lernziele oder Lernförderung folgt es keiner festen Struktur und schließt üblicherweise nicht mit einer Zertifizierung ab (Overwien 2004: 56). Zusammen mit dem autodidaktischen Lernen macht es ca. 70% des Lernens Erwachsener aus (vgl. Arnold 2015: 113). Neue Lernservices sollten nicht versuchen, das informelle Lernen abzulösen, sondern es zu begleiten. Über neue Bildungstechnologien lassen sich virtuelle Räume schaffen, in denen zu jeder Zeit und an jedem Ort Lernen stattfinden kann. Da hier auch eine Nachverfolgung des Gelernten möglich ist, ließe sich das informelle Lernen auch zertifizieren. Zudem können Bildungseinrichtungen auch wissenschaftliche Inhalte im Open Content zur Verfügung stellen und diese didaktisch aufbereiten, zum Beispiel durch Reflexionsfragen.

- **Konstruktivistische Didaktik**: Ihr zu Grunde liegt die konstruktivistische Annahme, dass Menschen ihre Wirklichkeit selber konstruieren. Für die Lehre bedeutet das, dass Wissen und Kompetenzen nicht vermittelt werden können. Erwachsene handeln auf Grund ihrer Emotionsmuster und Deutungsroutinen, diese können nicht von außen geändert werden, sondern nur von der Person selber, über selbstreflexives Vorgehen (vgl. Arnold 2014: 36). Für die neuen Lernservices heißt das, dass die Lehrenden vor allem die Rolle des Lerncoachs oder Lernberaters übernehmen müssen, um den Lernenden zu helfen, ihre eigenen Deutungsroutinen und Emotionsmuster zu erkennen und so eventuell zu verändern.

- **Metakognitive Bildungsarbeit:** Metakognition bezeichnet „das Denken über das Denken" (ebd.: VII), im Sinne einer selbstreflexiven Position. Diese Übung erlangt stetig höhere Wichtigkeit bei den Prozessen des Lebenslangen Lernen (vgl. ebd.: VII). Da das Selbstlernen in Zukunft immer stärker in den Vordergrund tritt, müssen die neuen Lernservices den Erwachsenen diese Fähigkeiten mitgeben und können ihre Lernfähigkeit so verbessern.

- **Kompetenzorientierung:** Kompetenz ist die Eigenschaft selbstorganisierten Handelns, das Bindeglied zwischen Wissen und Können (Arnold 2015: VI). Hierbei steht nicht der Input im Vordergrund, sondern das Outcome. Um nachhaltige Kompetenzentwicklung zu ermöglichen, bieten die virtuellen

Räume der Open-Content Welt eine geeignete Lernumgebung, um eine „selbstgesteuerte, aber begleitete und präzise kompetenzorientiert ausgerichtete Lernbewegung" anzubieten (Arnold 2014: 36).

Diese vier Konzepte geben klare Anregungen für eine gute Lehre, lassen jedoch auch den nötigen Spielraum, um vielfältige Lernarrangements daraus zu entwickeln. Mit diesem Anstoß ließen sich zum Beispiel virtuelle Lernräume entwickeln, die jederzeit und von jeden Ort aus zugänglich sind, wie fast alle internetbasierten Angebote. Diese Räume offerieren einen begleiteten Zugang zu Open Content Plattformen, dessen Inhalte so didaktisch aufbereitet und als problemorientiertes Lernmaterial zur Verfügung gestellt werden. Die Nutzer werden jederzeit von Lerncoaches begleitet, die sie individuell beraten, ihre Selbstlernfähigkeiten stärken und sie bei selbstreflexivem Vorgehen unterstützen. Als weiteren Anhalt kann jeder Nutzer ein Lernportfolio pflegen, um so die eigenen Lernbewegungen und Lernfortschritte transparent zu haben und zu reflektieren. Daneben sollte auch eine Chatforum für den Austausch unter den Nutzern angeboten werden, um ein Netzwerk zu schaffen und den Nutzern die Möglichkeit zu geben, sich mit anderen in Phasen der Aneignung in Beziehung zu setzen.

Einsendeaufgabe 4

Lebenslanges Lernen bezeichnet „das kontinuierliche Lernen über den ganzen Lebenslauf hinweg" oder aus bildungspolitischer Sicht den „Aufruf dazu" (Giesecke 2013: VI). Seine Bedeutung wächst gleichsam mit der Dynamik unserer Gesellschaft. Wenn wir die Lernfähigkeit von Erwachsenen nicht fördern oder anregen, zerstören wir damit individuelle, gesellschaftliche und ökonomische Ressourcen (vgl. ebd.: 104).

Eine Zukunftsherausforderung im Feld der Erwachsenenbildung ist es, eine größere und diversere Masse an Erwachsenen zum Lernen zu motivieren. Bei den von Schiersmann empirisch erfassten Gründen für eine Nichtteilnahme an Weiterbildungsmaßnahmen steht „mangelnder Weiterbildungsbedarf" an oberster Stelle (Schiersmann 2007: 36). Das ist widersprüchlich zum aktuell in Deutschland herrschenden Fachkräftemangel. Mehr als 60% der Unternehmen sehen darin bereits heute eine Gefahr für ihre Geschäftsentwicklung und der demografische Wandel wird das Problem zudem verstärken (Bundesministerium für Wirtschaft und Entwicklung 2019). Bildungsbarrieren müssen genau untersucht werden, um sie dann durchbrechen zu können. Da sie häufig bei Erwachsenen mit niedriger Schulbildung gesehen werden, ist es wichtig, gerade dort anzusetzen, um mehr Chancengleichheit in der Bildung zu gewährleisten (Giesecke 2013: 75). Auch ältere Menschen können als Zielgruppe gewonnen werden, wenn endlich mit dem Vorurteil aufgeräumt wird, dass man mit dem Alter weniger lernfähig sei. Es findet lediglich eine Verlangsamung statt, die mit zunehmendem Alter meist einhergeht. Wichtig ist es, zu wissen, dass dies nicht auf Grund abnehmender Gedächtnisleistung oder ähnlichem geschieht, sondern vermutlich durch den Abgleich mit vielen komplexen Erfahrungen, die im Laufe der Zeit angehäuft wurden und an die das Gelernte anzuknüpfen versucht (vgl. ebd.: 102f.).

Zudem geht aus der Untersuchung von Tippelt u.a. (2003) hervor, dass die Bildungspartizipation stark milieuabhängig ist. Hier gilt es, die in der Weiterbildung schwach repräsentierten Milieus, wie die „Traditionsverwurzelten" oder die „Konsummaterialisten", anzusprechen und zu mobilisieren. Das stellt eine hohe Anforderung an die Programmplanung von Bildungseinrichtungen, um komplexere und auf Differenz angelegte Angebote zu machen. Auch die Dozenten haben eine entscheidende Rolle im Lernprozess, wie es in allen Milieus betont wird: Sie sind verantwortlich für die inhaltliche Qualität der Weiterbildung, die Lernmotivation und eigene Akzeptanz der Teilnehmer (vgl. ebd.: 82).

Eine weitere Herausforderung ist es, Transparenz über die möglichen Wege der Erwachsenenbildung zu schaffen. Durch die Pluralität der Bildungsanbieter wirkt das Angebot oft unübersichtlich (vgl. ebd.: 1). Daher wird eine qualifizierte Bildungsberatung benötigt, die heute nur teilweise vorhanden ist. Hierbei muss den Ratsuchenden Hilfe beim Erkennen ihrer Probleme, bei der Zielfestlegung und bei der Bereitstellung der nötigen Informationen für mögliche Handlungswege geboten werden. Die Entscheidung über ihren weiteren Bildungsweg treffen die Ratsuchenden letztlich selber (vgl. ebd.: 69).

Ein grundsätzliches Potenzial der Erwachsenenbildung sehe ich darin, dass sie den Mensch in den Mittelpunkt stellt und die Ich-Kräfte der Einzelnen stärkt. Somit kann dieser zu einem gebildeten, selbstreflektierten Individuum heranwachsen, das sich komplexen Problemen stellt und kritisch mit den Entwicklungen der Gesellschaft umgeht.

Auch die Pluralität der Bildungsangebote kann ein Potential sein, wenn die nötige Transparenz gegeben ist. So gibt es bereits heute vielfältige Angebote, um auf die vielfältigen Bedürfnisse der Bildungsinteressenten einzugehen. Nicht nur die thematische und inhaltliche, sondern auch die organisatorische Form ist sehr breit angelegt. So wurden in den letzten Jahren immer mehr Möglichkeiten geschaffen, sich neben klassischen Präsenzveranstaltungen weiterzubilden, zum Beispiel über Blended Learning oder per Fernstudium. Hiervon profitieren vor allem die Teilnehmer, die einen asynchronen Lernverlauf wünschen, um sich neben Beruf und Familie weiterzubilden.

Literaturverzeichnis

- Arnold, R. (2015): Porträts und Konzeptionen zur Erwachsenenbildung. Studienbrief EB 0110 des Master-Fernstudiengangs der TU Kaiserslautern. Unveröffentlichtes Manuskript. Kaiserslautern.

- Arnold, R. (2014): Bausteine der Erwachsenendidaktik. Studienbrief EB 0120 des Master-Fernstudiengangs der TU Kaiserslautern. Unveröffentlichtes Manuskript. Kaiserslautern.

- Bundesministerium für Wirtschaft und Entwicklung: Fachkräfte für Deutschland. URL: https://www.bmwi.de/Redaktion/DE/Dossier/fachkraeftesicherung.html (aufgerufen am 18.02.2019)

- Giesecke, W. (2013): Entwicklung der Erwachsenenbildungswissenschaft. Studienbrief EB 0130 des Master-Fernstudiengangs der TU Kaiserslautern. Unveröffentlichtes Manuskript. Kaiserslautern.

- Kejcz, Y., (1980): Aus der Werkstatt des Bildungsurlaubs: Ergebnisse der wissenschaftlichen Begleitung des BUVEP, Bonn.

- Overwien, B. (2004): Internationale Sichtweisen auf „informelles Lernen" am Übergang zum 21. Jahrhundert. In: Otto, H./ Coelen, T. (Hrsg.): Grundbegriffe der Ganztagsbildung. Beiträge zu einem neuen Bildungsverständnis in der Wissensgesellschaft. Wiesbaden.

- Schiersmann, C., (2007): Weiterbildungsbeteiligung – Stand der Forschung und Vergewisserung des Gegenstandes. In: Report, 30 (2007), 2, S. 33-43

- Schweitzer, J., (2005): „Und konnten zusammen nicht kommen" – Warum Schule und Jugendhilfe nicht zueinander passen und daher eigentlich gut kooperieren können. In: Voß, R. (Hrsg.): LernLust und EigenSinn. Systemisch-konstruktivistische Lernwelten. Heidelberg.

- Wilms, J., (2013): Digitale Gesellschaft. Im Blickpunkt: Open Content, Gesellschaft für Medien, Bildung und Kultur mbH. Marl. (veröffentlicht im November 2013). In: https://imblickpunkt.grimme-institut.de/wp/wp-content/uploads/2014/12/IB-Open-Content.pdf (aufgerufen am 24.01.2019)